하나님이 거하시는 곳이 두 곳 있는데 하나는 천국이요,
다른 하나는 감사하는 사람의 마음이다
_아이작 윌튼

KB191688

감사하는 행위는 벽에 던지는 공처럼
언제나 자신에게 돌아온다
_ 이어령

Today, I give thanks for…

Date . . .

☐
☐
☐
☐

Date . . .

☐
☐
☐
☐

Date . . .

☐
☐
☐
☐

Date . . .

- [ ]
- [ ]
- [ ]
- [ ]

Date . . .

- [ ]
- [ ]
- [ ]
- [ ]

Date . . .

- [ ]
- [ ]
- [ ]
- [ ]

Date . . .

- [ ]
- [ ]
- [ ]
- [ ]

우리가 가진 것 때문에 감사하는 것이 아니요,
지금의 나 된 것으로 인해 감사한다
_ 헬렌 켈러

Today, I give thanks for…

Date　.　.　.

☐

☐

☐

☐

Date　.　.　.

☐

☐

☐

☐

Date　.　.　.

☐

☐

☐

☐

Date . . .

- ☐
- ☐
- ☐
- ☐

Date . . .

- ☐
- ☐
- ☐
- ☐

Date . . .

- ☐
- ☐
- ☐
- ☐

Date . . .

- ☐
- ☐
- ☐
- ☐

세상에서 감사를 표하는 이의 행동보다 더 아름다운 것은 없다
_라 브뤼에르

Today, I give thanks for…

Date . . .

- ☐
- ☐
- ☐
- ☐

Date . . .

- ☐
- ☐
- ☐
- ☐

Date . . .

- ☐
- ☐
- ☐
- ☐

Date . . .

- ☐
- ☐
- ☐
- ☐

Date . . .

- ☐
- ☐
- ☐
- ☐

Date . . .

- ☐
- ☐
- ☐
- ☐

Date . . .

- ☐
- ☐
- ☐
- ☐

감사하는 마음은 창조적인 반응과 삶의 힘을 증진시켜 준다
_스트라잇

Today, I give thanks for···

Date .   .   .

☐
☐
☐
☐

Date .   .   .

☐
☐
☐
☐

Date .   .   .

☐
☐
☐
☐

Date . . .

- [ ]
- [ ]
- [ ]
- [ ]

Date . . .

- [ ]
- [ ]
- [ ]
- [ ]

Date . . .

- [ ]
- [ ]
- [ ]
- [ ]

Date . . .

- [ ]
- [ ]
- [ ]
- [ ]

그리스도인에게 감사의 의무보다 더 긴박한 것은 없다
_밀란

Today, I give thanks for…

Date .   .   .

- ☐
- ☐
- ☐
- ☐

Date .   .   .

- ☐
- ☐
- ☐
- ☐

Date .   .   .

- ☐
- ☐
- ☐
- ☐

Date . . .

- ☐
- ☐
- ☐
- ☐

Date . . .

- ☐
- ☐
- ☐
- ☐

Date . . .

- ☐
- ☐
- ☐
- ☐

Date . . .

- ☐
- ☐
- ☐
- ☐

또 무엇을 하든지 말에나 일에나
다 주 예수의 이름으로 하고 그를 힘입어 하나님 아버지께 감사하라
_골로새서 3:17

Today, I give thanks for…

Date . . .

- ☐
- ☐
- ☐
- ☐

Date . . .

- ☐
- ☐
- ☐
- ☐

Date . . .

- ☐
- ☐
- ☐
- ☐

14

- [ ]
- [ ]
- [ ]
- [ ]

Date . . .

- [ ]
- [ ]
- [ ]
- [ ]

Date . . .

- [ ]
- [ ]
- [ ]
- [ ]

Date . . .

- [ ]
- [ ]
- [ ]
- [ ]

감사는 최고의 항암제요, 해독제요, 방부제다
_ 존 헨리

Today, I give thanks for…

Date . . .

☐
☐
☐
☐

Date . . .

☐
☐
☐
☐

Date . . .

☐
☐
☐
☐

- [ ]
- [ ]
- [ ]
- [ ]

- [ ]
- [ ]
- [ ]
- [ ]

- [ ]
- [ ]
- [ ]
- [ ]

- [ ]
- [ ]
- [ ]
- [ ]

하루에 일만 번씩만 감사하면 못 고칠 병이 없다
_ 후지다

Today, I give thanks for…

Date . . .

- ☐
- ☐
- ☐
- ☐

Date . . .

- ☐
- ☐
- ☐
- ☐

Date . . .

- ☐
- ☐
- ☐
- ☐

- -

Date . . .

☐

☐

☐

☐

- -

Date . . .

☐

☐

☐

☐

- -

Date . . .

☐

☐

☐

☐

- -

Date . . .

☐

☐

☐

☐

- -

네 재물과 네 소산물의 처음 익은 열매로 여호와를 공경하라
그리하면 네 창고가 가득히 차고 네 포도즙 틀에 새 포도즙이 넘치리라
_잠언 3:9-10

Today, I give thanks for…

Date . . .

☐

☐

☐

☐

Date . . .

☐

☐

☐

☐

Date . . .

☐

☐

☐

☐

Date . . .

- [ ]
- [ ]
- [ ]
- [ ]

Date . . .

- [ ]
- [ ]
- [ ]
- [ ]

Date . . .

- [ ]
- [ ]
- [ ]
- [ ]

Date . . .

- [ ]
- [ ]
- [ ]
- [ ]

예술은 세계와 인생에 대한 우리의 감사다
_ 게오르그 짐멜

Today, I give thanks for···

Date . . .

- ☐
- ☐
- ☐
- ☐

Date . . .

- ☐
- ☐
- ☐
- ☐

Date . . .

- ☐
- ☐
- ☐
- ☐

- [ ]
- [ ]
- [ ]
- [ ]

- [ ]
- [ ]
- [ ]
- [ ]

- [ ]
- [ ]
- [ ]
- [ ]

- [ ]
- [ ]
- [ ]
- [ ]

감사하는 영혼보다 하나님을 영화롭게 하는 것은 없다
_ 마셀 애버리

Today, I give thanks for···

Date . . .

☐

☐

☐

☐

Date . . .

☐

☐

☐

☐

Date . . .

☐

☐

☐

☐

Date . . .

- [ ]
- [ ]
- [ ]
- [ ]

Date . . .

- [ ]
- [ ]
- [ ]
- [ ]

Date . . .

- [ ]
- [ ]
- [ ]
- [ ]

Date . . .

- [ ]
- [ ]
- [ ]
- [ ]

감사한 마음으로 받는 사람에겐 풍성한 수확이 뒤따른다
_ W. 브레이크

Today, I give thanks for…

Date .   .   .

☐

☐

☐

☐

Date .   .   .

☐

☐

☐

☐

Date .   .   .

☐

☐

☐

☐

Date . . .

- [ ]
- [ ]
- [ ]
- [ ]

Date . . .

- [ ]
- [ ]
- [ ]
- [ ]

Date . . .

- [ ]
- [ ]
- [ ]
- [ ]

Date . . .

- [ ]
- [ ]
- [ ]
- [ ]

감사할 줄 모르는 자를 벌할 법은 없다.
감사할 줄 모르는 삶 자체가 벌이기 때문이다
_라이피 곱스

Today, I give thanks for…

Date . . .

- ☐
- ☐
- ☐
- ☐

Date . . .

- ☐
- ☐
- ☐
- ☐

Date . . .

- ☐
- ☐
- ☐
- ☐

Date . . .

- [ ]
- [ ]
- [ ]
- [ ]

Date . . .

- [ ]
- [ ]
- [ ]
- [ ]

Date . . .

- [ ]
- [ ]
- [ ]
- [ ]

Date . . .

- [ ]
- [ ]
- [ ]
- [ ]

감사의 마음은 얼굴을 아름답게 만드는 훌륭한 끝손질이다
_T. 파커

Today, I give thanks for…

Date . . .

☐
☐
☐
☐

Date . . .

☐
☐
☐
☐

Date . . .

☐
☐
☐
☐

Date . . .

- ☐
- ☐
- ☐
- ☐

Date . . .

- ☐
- ☐
- ☐
- ☐

Date . . .

- ☐
- ☐
- ☐
- ☐

Date . . .

- ☐
- ☐
- ☐
- ☐

심장의 고동처럼 규칙적으로 하나님께 감사하면 삶이 건강해진다
_ 콘래드

Today, I give thanks for···

Date . . .

- ☐
- ☐
- ☐
- ☐

Date . . .

- ☐
- ☐
- ☐
- ☐

Date . . .

- ☐
- ☐
- ☐
- ☐

Date . . .

- ☐
- ☐
- ☐
- ☐

Date . . .

- ☐
- ☐
- ☐
- ☐

Date . . .

- ☐
- ☐
- ☐
- ☐

Date . . .

- ☐
- ☐
- ☐
- ☐

우리 주 예수 그리스도로 말미암아
우리에게 승리를 주시는 하나님께 감사하노니
_ 고린도전서 15:57

Today, I give thanks for···

Date　.　.　.

☐
☐
☐
☐

Date　.　.　.

☐
☐
☐
☐

Date　.　.　.

☐
☐
☐
☐

Date . . .

- ☐
- ☐
- ☐
- ☐

Date . . .

- ☐
- ☐
- ☐
- ☐

Date . . .

- ☐
- ☐
- ☐
- ☐

Date . . .

- ☐
- ☐
- ☐
- ☐

감사하는 마음의 밭에는 실망의 씨가 자랄 수 없다
_쉐프

Today, I give thanks for···

Date . . .

☐
☐
☐
☐

Date . . .

☐
☐
☐
☐

Date . . .

☐
☐
☐
☐

☐

☐

☐

☐

☐

☐

☐

☐

☐

☐

☐

☐

☐

☐

☐

☐

그러므로 너희가 그리스도 예수를 주로 받았으니 그 안에서 행하되
그 안에 뿌리를 박으며 세움을 받아
교훈을 받은 대로 믿음에 굳게 서서 감사함을 넘치게 하라
_ 골로새서 2:6-7

Today, I give thanks for…

Date . . .

☐

☐

☐

☐

Date . . .

☐

☐

☐

☐

Date . . .

☐

☐

☐

☐

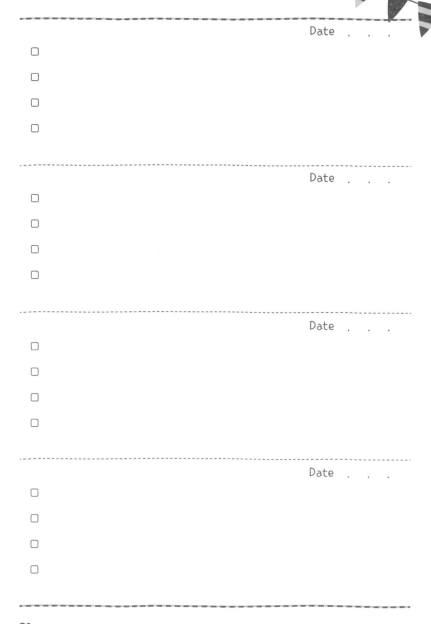

Date   .   .   .

☐

☐

☐

☐

Date   .   .   .

☐

☐

☐

☐

Date   .   .   .

☐

☐

☐

☐

Date   .   .   .

☐

☐

☐

☐

감사는 하나님의 은총에 대한 기억일 뿐 아니라
마음으로 경의를 표하는 것이다.
_N. P. 윌리스

Today, I give thanks for…

Date .   .   .

- [ ]
- [ ]
- [ ]
- [ ]

Date .   .   .

- [ ]
- [ ]
- [ ]
- [ ]

Date .   .   .

- [ ]
- [ ]
- [ ]
- [ ]

- [ ]
- [ ]
- [ ]
- [ ]

- [ ]
- [ ]
- [ ]
- [ ]

- [ ]
- [ ]
- [ ]
- [ ]

- [ ]
- [ ]
- [ ]
- [ ]

아무리 이해심이 깊고 뛰어난 행동을 한다고 해도
하나님을 향한 감사의 마음이 없다면 생명 있는 신앙생활을 할 수 없다
_ 우찌무라 간조

Today, I give thanks for···

Date . . .

☐
☐
☐
☐

Date . . .

☐
☐
☐
☐

Date . . .

☐
☐
☐
☐

Date . . .

- [ ]
- [ ]
- [ ]
- [ ]

Date . . .

- [ ]
- [ ]
- [ ]
- [ ]

Date . . .

- [ ]
- [ ]
- [ ]
- [ ]

Date . . .

- [ ]
- [ ]
- [ ]
- [ ]

감사함으로 그의 문에 들어가며 찬송함으로 그의 궁정에 들어가서
그에게 감사하며 그의 이름을 송축할지어다
_시편100:4

Today, I give thanks for…

Date . . .

☐
☐
☐
☐

Date . . .

☐
☐
☐
☐

Date . . .

☐
☐
☐
☐

Date . . .

☐

☐

☐

☐

Date . . .

☐

☐

☐

☐

Date . . .

☐

☐

☐

☐

Date . . .

☐

☐

☐

☐

하나님이 거하시는 곳이 두 곳 있는데 하나는 천국이요,
다른 하나는 감사하는 사람의 마음이다
_ 아이작 윌튼

Today, I give thanks for···

Date . . .

- ☐
- ☐
- ☐
- ☐

Date . . .

- ☐
- ☐
- ☐
- ☐

Date . . .

- ☐
- ☐
- ☐
- ☐

Date . . .

- [ ]
- [ ]
- [ ]
- [ ]

Date . . .

- [ ]
- [ ]
- [ ]
- [ ]

Date . . .

- [ ]
- [ ]
- [ ]
- [ ]

Date . . .

- [ ]
- [ ]
- [ ]
- [ ]

감사할 줄 아는 사람에게 베푸는 것은 높은 이자로 빌려 주는 것과 같다
_영국 속담

Today, I give thanks for…

Date . . .

- ☐
- ☐
- ☐
- ☐

Date . . .

- ☐
- ☐
- ☐
- ☐

Date . . .

- ☐
- ☐
- ☐
- ☐

Date . . .

- ☐
- ☐
- ☐
- ☐

Date . . .

- ☐
- ☐
- ☐
- ☐

Date . . .

- ☐
- ☐
- ☐
- ☐

Date . . .

- ☐
- ☐
- ☐
- ☐

이전에 받은 복에 대한 감사는 하나님의 또 다른 복을 받도록 한다
_R. 헤릭

Today, I give thanks for…

Date . . .

☐
☐
☐
☐

Date . . .

☐
☐
☐
☐

Date . . .

☐
☐
☐
☐

☐

☐

☐

☐

☐

☐

☐

☐

☐

☐

☐

☐

☐

☐

☐

☐

감사하는 마음은 거만해지지 않도록 하며 조용하고 겸손한 인간을 만든다
_보드 새퍼

Today, I give thanks for…

Date . . .

- ☐
- ☐
- ☐
- ☐

Date . . .

- ☐
- ☐
- ☐
- ☐

Date . . .

- ☐
- ☐
- ☐
- ☐

- [ ]
- [ ]
- [ ]
- [ ]

Date . . .

- [ ]
- [ ]
- [ ]
- [ ]

Date . . .

- [ ]
- [ ]
- [ ]
- [ ]

Date . . .

- [ ]
- [ ]
- [ ]
- [ ]

항상 기뻐하라 쉬지 말고 기도하라 범사에 감사하라
이것이 그리스도 예수 안에서 너희를 향하신 하나님의 뜻이니라
_데살로니가전서 5:16-18

Today, I give thanks for⋯

Date . . .

☐

☐

☐

☐

Date . . .

☐

☐

☐

☐

Date . . .

☐

☐

☐

☐

Date . . .

- [ ]
- [ ]
- [ ]
- [ ]

Date . . .

- [ ]
- [ ]
- [ ]
- [ ]

Date . . .

- [ ]
- [ ]
- [ ]
- [ ]

Date . . .

- [ ]
- [ ]
- [ ]
- [ ]

감사하는 최선의 방법은 하나님이 주신 것들을 잘 사용하는 것이다
_A. 트롤로프

Today, I give thanks for…

Date . . .

☐

☐

☐

☐

Date . . .

☐

☐

☐

☐

Date . . .

☐

☐

☐

☐

☐

☐

☐

☐

☐

☐

☐

☐

☐

☐

☐

☐

☐

☐

☐

☐

기도를 계속하고 기도에 감사함으로 깨어 있으라
_ 골로새서 4:2

Today, I give thanks for…

Date . . .

☐
☐
☐
☐

Date . . .

☐
☐
☐
☐

Date . . .

☐
☐
☐
☐

Date . . .

- ☐
- ☐
- ☐
- ☐

Date . . .

- ☐
- ☐
- ☐
- ☐

Date . . .

- ☐
- ☐
- ☐
- ☐

Date . . .

- ☐
- ☐
- ☐
- ☐

감사는 위대한 교양의 결실이다.
야비한 사람에게서는 그것을 발견할 수 없으리라
_존슨

Today, I give thanks for…

Date .   .   .

☐
☐
☐
☐

Date .   .   .

☐
☐
☐
☐

Date .   .   .

☐
☐
☐
☐

☐

☐

☐

☐

☐

☐

☐

☐

☐

☐

☐

☐

☐

☐

☐

☐

우리가 평생 "감사합니다"라는 기도만 해도 그것으로 충분하다
_ 마이스터 에크하르트

Today, I give thanks for…

Date . . .

☐

☐

☐

☐

Date . . .

☐

☐

☐

☐

Date . . .

☐

☐

☐

☐

- [ ]
- [ ]
- [ ]
- [ ]

Date . . .

- [ ]
- [ ]
- [ ]
- [ ]

Date . . .

- [ ]
- [ ]
- [ ]
- [ ]

Date . . .

- [ ]
- [ ]
- [ ]
- [ ]

감사(thanksgiving)는 Thanks로 사례한 후 Giving으로 주는 것이다
_ 웨일스 속담

Today, I give thanks for···

Date . . .

- ☐
- ☐
- ☐
- ☐

Date . . .

- ☐
- ☐
- ☐
- ☐

Date . . .

- ☐
- ☐
- ☐
- ☐

☐

☐

☐

☐

☐

☐

☐

☐

☐

☐

☐

☐

☐

☐

☐

☐

감사하는 마음에는 사탄이 슬픔의 씨앗을 뿌릴 수 없다
_ 노르웨이 속담

Today, I give thanks for…

Date . . .

- ☐
- ☐
- ☐
- ☐

Date . . .

- ☐
- ☐
- ☐
- ☐

Date . . .

- ☐
- ☐
- ☐
- ☐

Date . . .

- [ ]
- [ ]
- [ ]
- [ ]

Date . . .

- [ ]
- [ ]
- [ ]
- [ ]

Date . . .

- [ ]
- [ ]
- [ ]
- [ ]

Date . . .

- [ ]
- [ ]
- [ ]
- [ ]

감사로 제사를 드리는 자가 나를 영화롭게 하나니
그의 행위를 옳게 하는 자에게 내가 하나님의 구원을 보이리라
_ 시편 50:23

Today, I give thanks for…

Date   .   .   .

- ☐
- ☐
- ☐
- ☐

Date   .   .   .

- ☐
- ☐
- ☐
- ☐

Date   .   .   .

- ☐
- ☐
- ☐
- ☐

Date . . .

- ☐
- ☐
- ☐
- ☐

Date . . .

- ☐
- ☐
- ☐
- ☐

Date . . .

- ☐
- ☐
- ☐
- ☐

Date . . .

- ☐
- ☐
- ☐
- ☐

나의 인생관은 모든 것을 감사함으로 받고
당연한 것으로 여기지 않도록 연습하는 것이다
_G.K. 체스터튼

Today, I give thanks for…

Date . . .

☐
☐
☐
☐

Date . . .

☐
☐
☐
☐

Date . . .

☐
☐
☐
☐

☐

☐

☐

☐

Date . . .

☐

☐

☐

☐

Date . . .

☐

☐

☐

☐

Date . . .

☐

☐

☐

☐

교만은 감사의 마음을 죽인다.
그러나 겸손한 마음은 감사가 스스로 자라게 하는 토양이 된다
_ 헨리 워드 비처

Today, I give thanks for…

Date . . .

- ☐
- ☐
- ☐
- ☐

Date . . .

- ☐
- ☐
- ☐
- ☐

Date . . .

- ☐
- ☐
- ☐
- ☐

☐

☐

☐

☐

☐

☐

☐

☐

☐

☐

☐

☐

☐

☐

☐

☐

감사기도는 가장 강력한 힘이다
_칼뱅

Today, I give thanks for…

Date . . .

☐

☐

☐

☐

Date . . .

☐

☐

☐

☐

Date . . .

☐

☐

☐

☐

Date . . .

- ☐
- ☐
- ☐
- ☐

Date . . .

- ☐
- ☐
- ☐
- ☐

Date . . .

- ☐
- ☐
- ☐
- ☐

Date . . .

- ☐
- ☐
- ☐
- ☐

할렐루야 여호와께 감사하라 그는 선하시며 그 인자하심이 영원함이로다
_시편106:1

Today, I give thanks for…

Date . . .

☐
☐
☐
☐

Date . . .

☐
☐
☐
☐

Date . . .

☐
☐
☐
☐

Date . . .

- ☐
- ☐
- ☐
- ☐

Date . . .

- ☐
- ☐
- ☐
- ☐

Date . . .

- ☐
- ☐
- ☐
- ☐

Date . . .

- ☐
- ☐
- ☐
- ☐

행복은 바로 감사하는 마음이다
_조셉 우드 크루치

Today, I give thanks for…

Date   .   .   .

- ☐
- ☐
- ☐
- ☐

Date   .   .   .

- ☐
- ☐
- ☐
- ☐

Date   .   .   .

- ☐
- ☐
- ☐
- ☐

☐

☐

☐

☐

☐

☐

☐

☐

☐

☐

☐

☐

☐

☐

☐

☐

정의는 종종 창백하고 우울할 때가 있다.
그러나 감사는 항상 활기찬 물결과 사랑스런 꽃 속에 있다

_ 월터 시베지 랜더

Today, I give thanks for…

Date . . .

☐
☐
☐
☐

Date . . .

☐
☐
☐
☐

Date . . .

☐
☐
☐
☐

Date . . .

- [ ]
- [ ]
- [ ]
- [ ]

Date . . .

- [ ]
- [ ]
- [ ]
- [ ]

Date . . .

- [ ]
- [ ]
- [ ]
- [ ]

Date . . .

- [ ]
- [ ]
- [ ]
- [ ]

세상에서 가장 상큼한 과일은 감사다
_메난도르스

Today, I give thanks for…

Date   .   .   .

☐
☐
☐
☐

Date   .   .   .

☐
☐
☐
☐

Date   .   .   .

☐
☐
☐
☐

Date . . .

- [ ]
- [ ]
- [ ]
- [ ]

Date . . .

- [ ]
- [ ]
- [ ]
- [ ]

Date . . .

- [ ]
- [ ]
- [ ]
- [ ]

Date . . .

- [ ]
- [ ]
- [ ]
- [ ]

감사하는 사람은 젊어진다
_찰스 스펄전

Today, I give thanks for…

Date . . .

☐

☐

☐

☐

Date . . .

☐

☐

☐

☐

Date . . .

☐

☐

☐

☐

Date . . .

- [ ]
- [ ]
- [ ]
- [ ]

Date . . .

- [ ]
- [ ]
- [ ]
- [ ]

Date . . .

- [ ]
- [ ]
- [ ]
- [ ]

Date . . .

- [ ]
- [ ]
- [ ]
- [ ]

감사는 갚아야 할 의무이지만, 어느 누구도 그것을 기대할 권리는 없다
_J.J. 루소

Today, I give thanks for⋯

Date . . .

- [ ]
- [ ]
- [ ]
- [ ]

Date . . .

- [ ]
- [ ]
- [ ]
- [ ]

Date . . .

- [ ]
- [ ]
- [ ]
- [ ]

Date . . .

- [ ]
- [ ]
- [ ]
- [ ]

Date . . .

- [ ]
- [ ]
- [ ]
- [ ]

Date . . .

- [ ]
- [ ]
- [ ]
- [ ]

Date . . .

- [ ]
- [ ]
- [ ]
- [ ]

우리가 감사함으로 그 앞에 나아가며 시를 지어 즐거이 그를 노래하자
_시편 95:2

Today, I give thanks for···

Date . . .

- ☐
- ☐
- ☐
- ☐

Date . . .

- ☐
- ☐
- ☐
- ☐

Date . . .

- ☐
- ☐
- ☐
- ☐

Date . . .

- [ ]
- [ ]
- [ ]
- [ ]

Date . . .

- [ ]
- [ ]
- [ ]
- [ ]

Date . . .

- [ ]
- [ ]
- [ ]
- [ ]

Date . . .

- [ ]
- [ ]
- [ ]
- [ ]

가장 축복받는 사람이 되려면 가장 감사하는 사람이 되라
_C. 쿨리지

Today, I give thanks for…

Date　.　.　.

- ☐
- ☐
- ☐
- ☐

Date　.　.　.

- ☐
- ☐
- ☐
- ☐

Date　.　.　.

- ☐
- ☐
- ☐
- ☐

Date . . .

- [ ]
- [ ]
- [ ]
- [ ]

Date . . .

- [ ]
- [ ]
- [ ]
- [ ]

Date . . .

- [ ]
- [ ]
- [ ]
- [ ]

Date . . .

- [ ]
- [ ]
- [ ]
- [ ]

나는 감사할 줄 모르면서 행복한 사람을 한 번도 만나지 못했다
_지그지글러

Today, I give thanks for…

Date . . .

☐
☐
☐
☐

Date . . .

☐
☐
☐
☐

Date . . .

☐
☐
☐
☐

Date . . .

- [ ]
- [ ]
- [ ]
- [ ]

Date . . .

- [ ]
- [ ]
- [ ]
- [ ]

Date . . .

- [ ]
- [ ]
- [ ]
- [ ]

Date . . .

- [ ]
- [ ]
- [ ]
- [ ]

무력으로 얻은 재산은 지속되지 않지만 은혜에 대한 감사는 영원하다
_Q.C. 루프스

Today, I give thanks for···

Date . . .

☐
☐
☐
☐

Date . . .

☐
☐
☐
☐

Date . . .

☐
☐
☐
☐

Date . . .

☐

☐

☐

☐

Date . . .

☐

☐

☐

☐

Date . . .

☐

☐

☐

☐

Date . . .

☐

☐

☐

☐

감사하는 마음이란 마음에 새겨 둔 기억을 말한다
_마슈

Today, I give thanks for…

Date . . .

- ☐
- ☐
- ☐
- ☐

Date . . .

- ☐
- ☐
- ☐
- ☐

Date . . .

- ☐
- ☐
- ☐
- ☐

Date . . .

☐

☐

☐

☐

Date . . .

☐

☐

☐

☐

Date . . .

☐

☐

☐

☐

Date . . .

☐

☐

☐

☐

우리는 기도가 응답되기를 바라는 것처럼 열심히 감사해야 한다

_시몬즈

Today, I give thanks for…

Date . . .

☐

☐

☐

☐

Date . . .

☐

☐

☐

☐

Date . . .

☐

☐

☐

☐

Date . . .

- [ ]
- [ ]
- [ ]
- [ ]

Date . . .

- [ ]
- [ ]
- [ ]
- [ ]

Date . . .

- [ ]
- [ ]
- [ ]
- [ ]

Date . . .

- [ ]
- [ ]
- [ ]
- [ ]

가장 통달하기 힘든 셈은 우리에게 주어진 축복을 헤아리는 것이다
_에릭 호퍼

Today, I give thanks for…

Date . . .

☐
☐
☐
☐

Date . . .

☐
☐
☐
☐

Date . . .

☐
☐
☐
☐

Date . . .

- ☐
- ☐
- ☐
- ☐

Date . . .

- ☐
- ☐
- ☐
- ☐

Date . . .

- ☐
- ☐
- ☐
- ☐

Date . . .

- ☐
- ☐
- ☐
- ☐

과도한 감사만큼 아름다운 지나침은 없다
_라 브뤼에르

Today, I give thanks for…

Date . . .

- ☐
- ☐
- ☐
- ☐

Date . . .

- ☐
- ☐
- ☐
- ☐

Date . . .

- ☐
- ☐
- ☐
- ☐

- [ ]
- [ ]
- [ ]
- [ ]

Date . . .

- [ ]
- [ ]
- [ ]
- [ ]

Date . . .

- [ ]
- [ ]
- [ ]
- [ ]

Date . . .

- [ ]
- [ ]
- [ ]
- [ ]

감사는 과거의 은혜를 회상함으로 태어난다. 감사는 고결한 영혼의 얼굴이다
_ T. 제프슨

Today, I give thanks for···

Date . . .

- ☐
- ☐
- ☐
- ☐

Date . . .

- ☐
- ☐
- ☐
- ☐

Date . . .

- ☐
- ☐
- ☐
- ☐

Date . . .

- ☐
- ☐
- ☐
- ☐

Date . . .

- ☐
- ☐
- ☐
- ☐

Date . . .

- ☐
- ☐
- ☐
- ☐

Date . . .

- ☐
- ☐
- ☐
- ☐

어떠한 상황에서나 좋은 면을 보려고 한다면
당신의 삶이 갑자기 감사로 가득 참을 알게 될 것이다.
감사는 영혼마저 풍요롭게 한다
_ 해롤드 커쉬너

Today, I give thanks for…

Date . . .

- ☐
- ☐
- ☐
- ☐

Date . . .

- ☐
- ☐
- ☐
- ☐

Date . . .

- ☐
- ☐
- ☐
- ☐

☐

☐

☐

☐

☐

☐

☐

☐

☐

☐

☐

☐

☐

☐

☐

☐

감사는 곧 사랑이다. 감사할 줄 모르면 이 뜻도 알지 못한다
_김현승

Today, I give thanks for…

Date . . .

☐
☐
☐
☐

Date . . .

☐
☐
☐
☐

Date . . .

☐
☐
☐
☐

- [ ]
- [ ]
- [ ]
- [ ]

- [ ]
- [ ]
- [ ]
- [ ]

- [ ]
- [ ]
- [ ]
- [ ]

- [ ]
- [ ]
- [ ]
- [ ]

아무 것도 염려하지 말고 다만 모든 일에 기도와 간구로,
너희 구할 것을 감사함으로 하나님께 아뢰라
_빌립보서 4:6

Today, I give thanks for…

Date . . .

☐

☐

☐

☐

Date . . .

☐

☐

☐

☐

Date . . .

☐

☐

☐

☐

☐

☐

☐

☐

☐

☐

☐

☐

☐

☐

☐

☐

☐

☐

☐

☐

가장 축복받는 사람이 되려면 가장 감사하는 사람이 되라

_C. 쿨리지